¡Cuenta conmigo!

El torneo de fútbol

Lisa Greathouse

Asesor

Timothy Rasinski, Ph.D.
Kent State University

Créditos

Dona Herweck Rice, *Gerente de redacción*
Robin Erickson, *Directora de diseño y producción*
Lee Aucoin, *Directora creativa*
Conni Medina, M.A.Ed., *Directora editorial*
Ericka Paz, *Editora asistente*
Stephanie Reid, *Editora de fotos*
Rachelle Cracchiolo, M.S.Ed., *Editora comercial*

Créditos de las imágenes

Cover Jupiterimages/Getty Images; p.3 kaarsten/Shutterstock; p.4 top: Susan Leggett/ Dreamstime; p.4 bottom: aabejon/iStockphoto; p.5 top: poco_bw/iStockphoto; p.5 inset: zentilia/Shutterstock; p.6 monkeybusinessimages/iStockphoto; p.7 top: toda pasion/ todapasion.tn.com.ar p.7 bottom: Monkey Business Images/Shutterstock p.8 aabejon/ iStockphoto; p.9 top: mountainpix/Shutterstock; p.9 bottom: fstockfoto/Shutterstock; p.10 bowdenimages/iStockphoto; p.11 top: Cal Sport Media/Newscom; p.11 bottom: sonya etchison/Shutterstock; p.12 Cal Sport Media/Newscom; p.13 Ronald Sumners/Shutterstock: p.14 top: Monkey Business Images/iStockphoto; p.14 bottom: Nikola Bilic/Shutterstock; p.15 JLBarranco/iStockphoto; p.16 top: Lovattpics/iStockphoto; p.16 bottom: Stephanie Swartz/ Shutterstock; p.16 inset: Kellis/Shutterstock; p.17 bonniej/iStockphoto; p.17 inset: Ljupco Smokovski/Shutterstock; p.18 ColorBlind LLC/Photolibrary; p.19 bonniej/iStockphoto; p.20 top: Cade Martin/Photolibrary; p.20 inset: Peshkov Daniil/Shutterstock; p.21 top: strickke/ iStockphoto, p.21 inset: Le Do/Shutterstock; p.22 bonniej/iStockphoto; p.23 creativedoxfoto/ Shutterstock; p.24 bonniej/iStockphoto; p.25 sjlocke/iStockphoto; p.26 top: bowdenimages/ iStockphoto; p.26 inset: kaarsten/Shutterstock; p.27 sjlocke/iStockphoto; back cover Le Do/ ShutterstockBased on writing from *TIME For Kids*.

Basado en los escritos de *TIME For Kids*.

TIME For Kids y el logotipo de *TIME For Kids* son marcas registradas de TIME Inc.
Usado bajo licencia

Teacher Created Materials

5301 Oceanus Drive
Huntington Beach, CA 92649-1030
http://www.tcmpub.com

ISBN 978-1-4333-4459-6

Tabla de contenido

¡Corre, pasa y patea el balón adentro de la portería! ¡El fútbol es muy divertido! Pero requiere mucho esfuerzo.

Para jugar al fútbol, se necesita un campo de juego, dos porterías y un balón. Los jugadores tratan de meter el balón en la portería del equipo contrario. No puedes tocar el balón con las manos. El equipo que anota más goles es el ganador.

Si tu equipo se esfuerza, podría llegar a jugar en el gran **torneo**. Eso significa que continuarás jugando después de terminar la temporada regular.

Es un gran honor jugar en el torneo. Pero también significa que tu equipo debe estar preparado para vencer a los mejores equipos que participen. Esto requiere más práctica.

Programa de práctica para el torneo

lunes	miércoles	jueves
4:00 P.M.–5:30 P.M.	5:30 P.M.–6:30 P.M.	4:30 P.M.–5:30 P.M.

Según este programa de práctica para el torneo,
¿cuántas horas practican los jugadores por semana?

Tu entrenador puede establecer
un nuevo **programa** para las prácticas.
Durante la temporada normal, es posible
que sólo hayas practicado una vez a la
semana durante una hora. Ahora, el
entrenador tal vez quiera que tu equipo
practique tres veces a la semana durante
un total de tres horas y media.

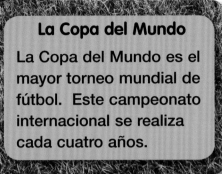

La Copa del Mundo

La Copa del Mundo es el mayor torneo mundial de fútbol. Este campeonato internacional se realiza cada cuatro años.

Los partidos del torneo se realizan durante los fines de semana. Esto significa que quizá estés en el campo de juego cinco veces en una misma semana. ¡Es bueno que a tu equipo le encante jugar!

Los mejores equipos de toda la **región** vienen a jugar el torneo. Si tu equipo derrota al primer oponente, pasa a la segunda ronda. Si pierde, queda fuera del torneo.

Fútbol olímpico

El fútbol de hombres se convirtió en un deporte olímpico en 1908. No fue sino hasta 1996 que el fútbol de mujeres se convirtió en un deporte olímpico. ¿Por cuántos años más fue el fútbol de hombres deporte olímpico que el de mujeres?

(*Pista*: 1,996 - 1,908 = _____)

Antes de practicar o jugar a un partido, debes calentar y estirar los músculos. Eso evita que te lastimes. ¡No querrás que alguna lesión impida que el equipo pueda jugar!

Practicas driblar, o mover el balón con el pie. Practicas pasar el balón. Practicas cabecear, o golpear el balón con la cabeza. También practicas patear el balón dentro de la portería.

Tamaño del balón de futbol

Edad	Tamaño del balón	Circunferencia	Peso del balón
8 y menores de 8	3	23–24 pulgadas	11–12 onzas
8 a 12	4	25–26 pulgadas	12–13 onzas
12 y mayores de 12	5	27–28 pulgadas	14–16 onzas

¡Atrapa el balón!

Los balones de fútbol vienen de diferentes tamaños. El tamaño depende de tu edad. Nuestro equipo juega con un balón tamaño 3. Tiene una **circunferencia** de 23 pulgadas. Esa es la longitud alrededor de un objeto redondo. ¿Cuánto más grande es un balón tamaño 5 que un balón tamaño 3?

Tu equipo está preparado para rendir al 100 por ciento. Pero recuerda que también tiene que ser divertido.

Llegó el día del partido. Tu madre prepara un desayuno saludable. Quizá tu **ansiedad** te impida comer. Pero es importante darle a tu cuerpo energía.

¡Bloquea la portería!

El portero, también llamado guardameta o arquero, se ubica frente a la portería. Su tarea es evitar que el otro equipo anote un gol. Los porteros pueden usar las manos.

El **árbitro** toca el silbato. Es el momento del **puntapié inicial**. El balón va y viene de un equipo al otro. Ambos equipos marcan goles.

Antes del medio tiempo, una jugadora del otro equipo patea a la portería. Parece que va a marcar un gol. Pero la **portera** de tu equipo salta frente al balón y lo atrapa. ¡Qué gran jugada!

Siempre es importante que el juego sea limpio. El árbitro sanciona una **falta** cuando un jugador hace una zancadilla, patea o empuja a otro jugador.

El árbitro puede castigar a un jugador con una tarjeta amarilla. Esto es un aviso. Si te muestran dos tarjetas amarillas, o una roja, estás expulsado del partido.

Tu equipo sale con fuerza en el segundo tiempo. ¡Tu compañera de equipo marca un gol en los primeros dos minutos!

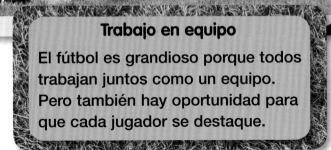

Trabajo en equipo

El fútbol es grandioso porque todos trabajan juntos como un equipo. Pero también hay oportunidad para que cada jugador se destaque.

El otro equipo casi marca un gol, pero ustedes ganan el partido por 2 a 1. Chocan los cinco con el otro equipo. Luego, pasan al segundo partido por la tarde.

Pueden pasar dos o tres horas antes del próximo partido. Eso significa que puedes estar un tiempo con tu familia y descansar.

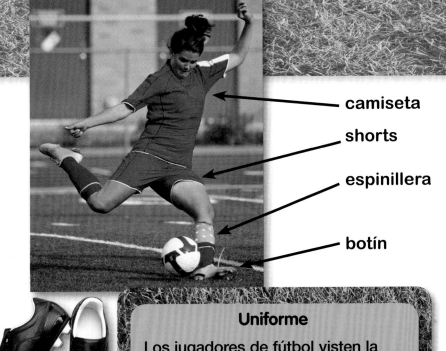

camiseta

shorts

espinillera

botín

Uniforme

Los jugadores de fútbol visten la camiseta y el short de su equipo. La espinillera protege las piernas del jugador por debajo de la rodilla. El botín es un calzado con tacos en la suela que se hunden en el césped.

Hay muchas cosas para ver en un torneo. Hay puestos de comidas donde venden hielo raspado, perritos calientes y tacos. Otros puestos venden todas clases de objetos con imágenes de balones de fútbol. Hay camisetas, llaveros, sacos y mantas.

A medida que avanzas en el torneo, los partidos se vuelven más difíciles. Los equipos que enfrentas son más fuertes.

El campo de juego

El campo de juego tiene forma rectangular. Este campo tiene 30 yardas de ancho y 50 yardas de largo. El tamaño del campo aumenta a medida que creces. También aumenta la cantidad de minutos que juegas.

Puedes oír a todas las familias alentando desde las gradas. ¡Todos quieren ganar el **campeonato**!

23

¡El partido final del campeonato es el más emocionante de todos! Llegan las familias, los amigos y los otros equipos para mirar. Cuando los dos mejores equipos se enfrentan, la competencia es más dura que nunca.

¡Ganes o pierdas, mientras des lo mejor de ti, siempre serás un ganador!

Al finalizar el torneo, los primeros equipos reciben un trofeo. Es posible que cada equipo se reúna para celebrar.

Espíritu deportivo

Recuerda siempre que el otro equipo está compuesto por jugadores que aman el juego tanto como tú. Ganes o pierdas, es importante mostrar **espíritu deportivo** y **felicitar** al otro equipo por un buen partido.

Es agradable ganar trofeos. Se ven grandiosos en tu repisa. Pero no es por eso que las personas juegan al fútbol. ¡Juegan porque les encanta el deporte!

ansiedad—la sensación de nervios o preocupación

árbitro—el oficial deportivo que aplica las reglas del juego

campeonato—uno o más encuentros realizados para decidir al campeón

circunferencia—la longitud alrededor de un objeto redondo

espíritu deportivo—el juego limpio, respeto por los oponentes y comportamiento amable al ganar o al perder

falta—romper las reglas de un juego o deporte

felicitar—elogiar o alabar a una persona

portero—el jugador que se ubica frente a la portería para evitar que el otro equipo pueda marcar goles

programa—un plan sobre cuándo deben realizarse las cosas

puntapié inicial—cuando un jugador patea el balón en el círculo central del campo para comenzar el partido

región—una gran área geográfica

torneo—un partido o serie de partidos que se juegan en un campeonato